BEI GRIN MACHT SICH I
WISSEN BEZAHLT

- Wir veröffentlichen Ihre Hausarbeit, Bachelor- und Masterarbeit

- Ihr eigenes eBook und Buch - weltweit in allen wichtigen Shops

- Verdienen Sie an jedem Verkauf

Jetzt bei www.GRIN.com hochladen und kostenlos publizieren

Simone Hummert

Einfluss der Gefühle auf soziale Lernprozesse - Wie können Gefühle als Unterrichtsthema in Szene gesetzt werden?

GRIN Verlag

Bibliografische Information der Deutschen Nationalbibliothek:

Die Deutsche Bibliothek verzeichnet diese Publikation in der Deutschen Nationalbibliografie; detaillierte bibliografische Daten sind im Internet über http://dnb.d-nb.de/ abrufbar.

Dieses Werk sowie alle darin enthaltenen einzelnen Beiträge und Abbildungen sind urheberrechtlich geschützt. Jede Verwertung, die nicht ausdrücklich vom Urheberrechtsschutz zugelassen ist, bedarf der vorherigen Zustimmung des Verlages. Das gilt insbesondere für Vervielfältigungen, Bearbeitungen, Übersetzungen, Mikroverfilmungen, Auswertungen durch Datenbanken und für die Einspeicherung und Verarbeitung in elektronische Systeme. Alle Rechte, auch die des auszugsweisen Nachdrucks, der fotomechanischen Wiedergabe (einschließlich Mikrokopie) sowie der Auswertung durch Datenbanken oder ähnliche Einrichtungen, vorbehalten.

Impressum:

Copyright © 2004 GRIN Verlag GmbH
Druck und Bindung: Books on Demand GmbH, Norderstedt Germany
ISBN: 978-3-638-59667-1

Dieses Buch bei GRIN:

http://www.grin.com/de/e-book/44490/einfluss-der-gefuehle-auf-soziale-lernprozesse-wie-koennen-gefuehle-als

GRIN - Your knowledge has value

Der GRIN Verlag publiziert seit 1998 wissenschaftliche Arbeiten von Studenten, Hochschullehrern und anderen Akademikern als eBook und gedrucktes Buch. Die Verlagswebsite www.grin.com ist die ideale Plattform zur Veröffentlichung von Hausarbeiten, Abschlussarbeiten, wissenschaftlichen Aufsätzen, Dissertationen und Fachbüchern.

Besuchen Sie uns im Internet:

http://www.grin.com/

http://www.facebook.com/grincom

http://www.twitter.com/grin_com

Hochschule Vechta

Sommersemester 2004
Sozialwissenschaftlicher Bereich – Einführung Tg H5

Einfluss der Gefühlen auf soziale Lernprozesse
Wie können Gefühle als Unterrichtsthema in Szene gesetzt werden?

Simone Hummert
Sachunterricht (Geographie)
4. Semester

Inhaltsverzeichnis:

1. Einleitung	**1**
2. Was sind Gefühle und ihre Funktionen?	**2**
3. Praxisbeispiele für den Unterricht	**5**
3.1 Gefühlskiste	**5**
3.2 Gefühlsanzeiger	**6**
3.3 Kinderbuch „Der kleine rosarote Elefant"	**7**
3.4 Steckbrief	**8**
3.4.1 Vorbereitung und Durchführung	**8**
3.4.2 Auswertung	**9**
3.4.3 Interpretation	**11**
4. Allgemeine Einflüsse auf soziale Lernprozesse	**13**
5. Zusammenfassung	**15**
6. Literaturverzeichnis	**16**

Wie können Gefühle als Unterrichtsthema in Szene gesetzt werden?

1. Einleitung

In dieser Arbeit wird der Einfluss von Gefühlen auf soziale Lernprozesse behandelt, die für die Grundschüler von Bedeutung sind. Die Wahrnehmung von Verschiedenheit im Schulalltag und die Achtung für alle Menschen ist eine Grundvoraussetzung für ein tolerantes Klassenklima und im täglichen Umgang mit Mitmenschen. Das Erkennen von Interessenlagen und das Eintreten eigener Interessen sind für soziale Lernprozesse wichtig, da Gefühle darauf Einfluss nehmen und sie Kompetenzen fördern.

Bevor ich auf das eigentliche Thema der Arbeit eingehe, wie das Unterrichtsthema „Gefühle" in Szene gesetzt werden kann, muss geklärt werden, was Gefühle eigentlich sind und welche Funktion sie haben. Erst im Anschluss kann auf verschiedene Praxisbeispiele eingegangen werden, die näher erklärt werden sollen. Da es sich in manchen Klassenstufen als schwierig herausstellt, wie an das Thema herangeführt werden kann, sollen Praxisbeispiele Anregungen geben. Des Weiteren soll die Situation der Schüler erläutert werden, die sich durch Farben in Bildern und Äußerungen bemerkbar machen.

Im Anschluss werden Einflüsse auf soziale Lernprozesse dargestellt, die für die Schüler für einen positiven Lernerfolg von Bedeutung sind. In diesem Abschnitt wird die Wichtigkeit von Gefühlen und Emotionen noch einmal verdeutlicht und dargestellt. Die Arbeit wird durch eine Reflexion und ein kurzes Resümee abgerundet.

2. Was sind Gefühle und ihre Funktionen?

„**Gefühl**, seel. Erlebnisse oder Erlebnisqualitäten teils ungerichteter, teils gerichteter Art (Liebe, Hass), teils Gesamtzustände, die als Stimmung den tragenden Grund für Erleben und Verhalten bilden. Stark und rasch verlaufende Gefühle heißen Affekte."
Quelle: Brockhaus, S.319.[1]

Wie das Zitat bereits angibt, sind Gefühle ein komplizierter Befindlichkeitszustand des Bewusstseins, der eine wertende Einstellung der Person gegenüber einer bestimmten erlebten Situation oder Personen darlegt. Die dabei entstehenden Emotionen sind für die Umwelt dabei teils sichtbar und teils unsichtbar und gehören somit zum Gefühlsleben eines Menschen.[2] Ferner können Gefühle ein zwei Hauptdimensionen unterschieden werden. Zum einen gibt es die „qualitative Dimension", die entscheidet ob etwas angenehm oder unangenehm ist. Des Weiteren gibt es die „quantitative Dimension", die die Intensität beurteilt.[3] Emotionen sind meistens instinkthaft und sind nicht steuerbar, so dass im Normalfall Reaktionen wie Wut, Liebe oder Trauer verursacht werden. Falls die Gefühlsregungen zu stark werden, kann von Affekten, Phobien oder triebhaftem Verhalten gesprochen werden, dass psychologisch behandelt werden muss.[4]

Es können auf verschiedene Wege Gefühle zu Stande kommen, die im Folgenden erläutert werden. Gefühle können durch verschiedene Anlässe oder Situationen ausgelöst werden, so zum Beispiel können durch Berührungen des Körpers Empfindungen ausgelöst werden, die durch äußere Auslöser begünstigt sind. Eine weitere Möglichkeit Gefühle zu erleben ist es, wenn Emotionen ohne einwirken des Verstandes zu Stande kommen. Eine dritte Variante ist die Ahnung oder Vermutung, wobei ein undeutliches Wissen, das auf Intuition und nicht auf dem Verstand beruht und im Volksmund auch als „Gefühl aus dem Bauch" bekannt ist. Die Fähigkeit, etwas intuitiv richtig abzuschätzen und ein Gespür für etwas Bestimmtes zu haben ist die vierte Version.[5]

---

[1] Der Brockhaus (2000): Der Brockhaus in einem Band. 9., vollständig überarbeitete und aktualisierte Auflage. Brockhaus: Leipzig. „Gefühl". S.319.
[2] "Gefühl" Microsoft Encarta Enzyklopädie
[3] Bourne, Lyle E./ Ekstrand Bruce R. (2001): Einführung in die Psychologie. 3. Auflage. Dietmar Klotz: Eschborn. S.292.
[4] „Gefühl", „Emotionen", Microsoft Encarta Enzyklopädie
[5] ebd.

Wie können Gefühle als Unterrichtsthema in Szene gesetzt werden?

Aus der Psychologie wird von Emotionen und Gefühlen gesprochen, so dass die Definition ein wichtiger Grundstein ist, um auf die psychologische Sicht näher eingehen zu können.

> Die Psychologie sieht Gefühle „als ein komplexes Muster von Veränderungen, das physiologische Erregung, Gefühle, kognitive Prozesse und Verhaltensweisen umfasst. Diese treten als Reaktion auf eine Situation auf, die ein Individuum als persönlich bedeutsam wahrgenommen hat (Kleinginna u. Kleinginna 1981)."

Quelle: Zimbardo S.359.[6]

Aus der Definition kann entnommen werden, dass die Psychologie Gefühle als ein komplexes Muster von Veränderungen ansieht, das psychologische Erregungen, kognitive Prozesse und Verhaltensweisen umfasst. Diese kommen so zu Stande, dass sie als Reaktion auf eine Situation auftreten, die ein Mensch als persönlich wichtig aufgefasst hat.

Aus einer weiteren Perspektive können Gefühle auch wie folgt erklärt werden:

> „In den Gefühlen des Menschen spiegelt sich subjektiv Bedeutsames besonders deutlich wider, sie zeigen den seelischen Zustand, die Befindlichkeit der erlebten Person. Gefühle steuern die Aufmerksamkeit und regen zum Handeln an."

Quelle: SWZ S.40.[7]

Bei dieser Auslegung des Begriffs Gefühl werden der Mensch und sein psychisches Befinden in den Vordergrund gerückt. Bei den vorherigen Definitionen wurde die Begriffsbestimmung sehr allgemein gehalten bzw. sehr spezifisch auf das einzelne Fachgebiet zugeschnitten, so dass die letzte Begriffsauslegung für den Zusammenhang Gefühle und Grundschule besser passt.

Nachdem der Begriff ausführlich aus verschiedenartigen Quellen vorgestellt wurde, müssen zudem auch die Funktionen näher erläutert werden, um mit einem umfangreichen Basiswissen das Thema besser verstehen und verfolgen zu können.

---

[6] Zimbardo Philip G. / Gerrig Richard J. (1999): Psychologie. 7. neu übersetzte und bearbeitete Auflage mit 213 zum Teil farbigen Abbildungen und 70 Tabellen. Springer: Berlin. S.359.

[7] Sache-Wort-Zahl (März 2004): Heft 60. Gefühle. Aulis: Deubner. S.40.

Wie können Gefühle als Unterrichtsthema in Szene gesetzt werden?

Zunächst kann die Frage gestellt werden, warum Menschen Gefühle empfinden. Warum und wozu sind sie da? In der Literatur werden besonders drei Funktionsbereiche näher betrachtet, wozu die motivierende, die soziale und die kognitive Funktion gehören.

Eine der drei am häufigsten vorkommenden Funktionen ist die Motivierende. Emotionen haben diese Funktion, damit sie zum Handeln in einer speziellen Situation angetrieben werden. So kann zum Beispiel ein Fußballspieler besonders motiviert sein, wenn er nach der Saisonpause bei einem wichtigen Spiel spielen darf und ein Tor schießen möchte. Seine positiven Gefühle spornen ihn beim Spiel an und motivieren ihn für eine Handlung, die in diesem Fall das Tore schießen ist.[8]

Des Weiteren können bestimmte Handlungen zu einer Person Gefühle auslösen, die der sozialen Funktion zugeschrieben werden. Bei dieser Variante wird versucht das Ziel zu verfolgen, um zum Beispiel einer Person zu helfen, die hilfsbedürftig ist, weil sie sehr jung oder alt ist. In diesem Fall sind unser Verhalten und die daraus resultierenden Gefühle so ausgelegt, dass sie jemanden lieben, für ihn alles bewerkstelligen wollen, damit es ihm gut geht und ihm nichts Negatives widerfährt. Mütter werden zum Beispiel alles für ihr Kind machen, damit es ihm gut geht. Somit kann gesagt werden, dass sich die Gefühle auf ein bestimmtes Verhalten ausprägen.[9]

Gefühle haben auch einen kognitiven Aspekt, wenn sie in einer Situation auftauchen, die wir meinen beurteilen zu können. „Durch die Verstärkung bzw. Intensivierung bestimmter Lebenserfahrungen signalisieren sie, dass eine Reaktion von besonderer Bedeutung ist... (Tompkins 1981)."[10] Verstärker sind für die Verhaltensänderung bei der operanten Konditionierung zuständig. Ein Beispiel für die kognitive Funktion wäre, wenn der Vater Pfannkuchen backt und versucht sie in der Luft zu wenden. Falls der Versuch missglückt sind die Beteiligten entweder gut oder schlecht gelaunt. Die Laune wird davon abhängig gemacht, ob der Kochversuch des Vaters schon des Öfteren missglückt ist und sie schon häufiger auf das gewünschte Essen verzichten mussten.

---

[8] Zimbardo Philip G. / Gerrig Richard J. (1999): Psychologie. 7. neu übersetzte und bearbeitete Auflage mit 213 zum Teil farbigen Abbildungen und 70 Tabellen. Springer: Berlin. S.367.
[9] ebd.
[10] Bourne, Lyle E./ Ekstrand Bruce R. (2001): Einführung in die Psychologie. 3. Auflage. Dietmar Klotz: Eschborn. S.130f.

3. Praxisbeispiele für den Unterricht

In den Rahmenrichtlinien für die Grundschule steht unter dem Lernfeld „Zusammenleben der Menschen", dass zu den Grunderfahrungen und Grunderkenntnissen verschiedene wichtige Aspekte aufgezählt werden, die für die Thematik „Gefühle" von Bedeutung sind. Aus diesem Grund sollen Schüler erkennen, dass Menschen aufeinander angewiesen sind und das es Menschen gibt, zu denen man sich unterschiedlich stark hingezogen fühlt. Ferner können sich Menschen gegenseitig glücklich oder traurig machen. Des Weiteren sind Gefühle für das Zusammenleben von großer Bedeutung.[11] Denn es gehört zu den genannten Einstellungen und Verhaltensweisen, dass Schüler Gefühle äußern sollen und die Gefühle anderer verstehen.[12]

Aber wie können Gefühle als Unterrichtsthema in Szene gesetzt werden? – Hierfür gibt es unterschiedliche Möglichkeiten um das Thema im Sachunterricht interessant und anschaulich einzuführen. Im Folgenden werden vier Praxisbeispiele genannt, die für den Unterrichtseinstieg pädagogisch wertvoll seien können, da die Schüler mit einbezogen werden und um die Kompetenzen der Schüler angemessen zu fördern und auszubauen. Dies ist auch die Intention, damit die Schüler ihr Wissen und ihre Erfahrungen mit einbringen können.[13]

3.1 Gefühlskiste

Ein Gefühl kann mit Hilfe der Nerven am Körper zu Stande kommen. Die Empfindung, die bei der Berührung eines bestimmten Gegenstandes hervorgerufen wird ist ein Gefühl, das positive oder negative Gefühle hervorruft.[14] Gefühle können somit zunächst im Sinne von „fühlen" eingeführt werden. Es ist nämlich gar nicht so einfach eine Empfindung durch den Tastsinn mit einem Gefühl zu beschreiben.
Die Gefühlskiste soll spielerisch den Schülern eine Hilfe sein, das Gefühlte mit einem bekannten Gefühl zu assoziieren.

---

[11] Niedersächsisches Kultusministerium (1982): Rahmenrichtlinien für die Grundschule. Sachunterricht. Schroedel: Hannover. S.7.
[12] ebd. S.8.
[13] Gesellschaft für Didaktik des Sachunterrichts (2002): Perspektivrahmen Sachunterricht. Klinkhardt: Rieden. S. 10.
[14] Microsoft Encarta Enzyklopädie (1998): „Gefühl"

Für die Erstellung einer Gefühlskiste kann ein einfacher Pappkarton genommen werden, der einen Deckel besitzt. Der Boden des Kartons wird mit sechs verschieden Materialen beklebt oder bestreut. Als Anregung kann grobes Schmirgelpapier, Federn, Samt, feiner Sand, getrocknete oder frische Blätter oder Jutestoff genommen werden. Bei losem Material wie Sand, Steine oder Blätter muss für eine Begrenzung zu den anderen Materialien gesorgt werden.

An der Längsseite wird ein Loch für den späteren „Eingang" geschnitten. Das Loch muss so groß sein, dass die Hand hindurch passt. Oberhalb des Loches sollte ein Stück Stoff als „Vorhang" befestigt werden, so dass der Schüler nicht schon vorher die Materialien erkennt.[15]

Im Unterricht können die Schüler eine Hand in die Gefühlskiste stecken und die unterschiedlichen Bereiche ertasten. Zu dem Gefühlten sollen die Schüler eigene Gefühle und Erfahrungen assoziieren und erzählen oder aufschreiben, wie zum Beispiel „...das kratzt so doll wie die lange Strumpfhose, die ich im Winter anziehen muss, das mag ich nicht!" oder „...das ist so kuschelig weich wie Mamas Decke, die ich manchmal zum Einschlafen nehme, - das ist sehr schön, weil ich dann gut schlafe kann!".

3.2 Gefühlsanzeiger

Bei dem Gefühlsanzeiger gibt es zwei unterschiedliche Varianten. Zum einen gibt es für die ganze Klasse das Gefühlsrad und zum anderen für jeden einzelnen Schüler den Gefühlsanzeiger. Die erste Möglichkeit ist es, dass die Lehrerin ein altes Fahrradrad an einer Holzplatte befestigt und das Rad wie bei einer Tombola von einem kleinen Widerstand behindert wird. Zwischen den einzelnen Speichen werden passend ausgeschnittene Pappstücke mit Draht befestigt und mit Adjektiven beschriftet (z.B. wütend, lieb, traurig,...), die Gefühle ausdrücken. Bei diesem Medium soll aus der Klassengemeinschaft ein Schüler nach vorne kommen und verdeckt zur Klasse das Rad einmal drehen. Das erdrehte Adjektiv soll anschließend pantomimisch der Klasse vorgeführt werden.[16] Durch diese spielerische Variante werden Hemmungen genommen und jeder Schüler kann seine Gefühle zeigen, die er mit dem Adjektiv verbindet.

---

[15] beim Referat „Einfluss der Gefühle auf soziale Lernprozesse" wurde die Gefühlskiste praktisch vorgestellt
[16] beim Referat „Einfluss der Gefühle auf soziale Lernprozesse" wurde das Gefühlsrad und die Handhabung

Wie können Gefühle als Unterrichtsthema in Szene gesetzt werden? 7

Eine Variante dazu ist, dass die Schüler das Adjektiv schriftlich festhalten sollen oder ein Bild dazu malen. Ziel des Spieles ist es, dass Mädchen und Jungen ihre Hemmungen verlieren und gemeinsam über Gefühle reden und lachen können.

In einem Klassengespräch kann im Vorfeld über die Stimmungsschwankungen von jedem gesprochen werden. Diese Gefühlsschwankungen sollen durch den Gefühlsanzeiger zum Ausdruck gebracht werden. Aus dem Grund soll der Gefühlsanzeiger vor dem Tisch befestigt werden, so dass die Stimmung spontan mit Hilfe eines Zeigers umgestellt werden kann. Der Gefühlsanzeiger ist ein Pappkreis der in vier gleichgroße Teile geviertelt ist. In jedem Viertel ist ein anderer Gesichtsausdruck vorgedruckt, so dass Freude bis Niedergeschlagenheit zum Ausdruck kommen. In der Mitte wird ein Pfeil befestigt der sich drehen lässt, so dass es dem Gefühlsrad ähnelt. Durch den Gefühlsanzeiger können sich der Lehrer auf den Schüler und die Schüler untereinander einstellen. Ferner kann der Gefühlsanzeiger ein Impuls für Diskussionen oder Einzelgespräche sein. Damit ist gemeint, dass zum Beispiel ein Schüler nicht mitarbeitet, weil er wegen häuslicher Probleme schlecht gelaunt ist und sich nicht konzentrieren kann.[17]

3.3 Kinderbuch „Der kleine rosarote Elefant"[18]

Auch durch kindergerechte Literatur kann das Thema Gefühle im Unterricht aufgearbeitet werden. Das Kinderbuch „Der kleine rosarote Elefant" ist insbesondere für die erste und zweite Klasse geeignet. Das Buch handelt von einem kleinen roten Elefanten, der traurig ist, weil die anderen kleinen blauen Elefanten nicht mit ihm spielen möchten. Trotzdem ist der kleine rote Elefant zu allen Junglebewohnern freundlich und hilfsbereit. Trotzdem durchlebt er jeden Tag „ein Wechselbad der Gefühle" und ist über seine Situation nicht sehr glücklich. Durch die Problematik des kleinen roten Elefanten können verschiedene Gefühle erarbeitet und gleichzeitig ein Leseimpuls erzeugt werden. Durch Bücher können somit auch die sozialen Kompetenzen, die Identitätsförderung und Integration der Schüler gefördert werden.[19]

---

[17] Sache-Wort-Zahl (März 2004): Heft 60. Gefühle. Aulis: Deubner. S.43.
[18] Janus Hertz, Grete (1983): Der kleine rote Elefant. Illustriert von Eberhard und Elfriede Binder. Carlsen: Hamburg.
[19] beim Referat „Einfluss der Gefühle auf soziale Lernprozesse" wurde das das Buch vorgestellt

3.4 Steckbrief

Das Thema Gefühle kann im Unterricht in den verschiedensten Formen thematisiert und wie schon zuvor angesprochen, zu einem Thema gemacht werden. Eine Anregung zur Auseinandersetzung mit Gefühlen kann auch ein Steckbrief sein, der in Einzelarbeit ausgefüllt und später diskutiert wird. Eine Variante ist es ebenfalls, dass die Steckbriefe ihrem Verfasser zugeordnet werden sollen.[20]

Bei diesem Arbeitsblatt sollen sich die Schüler zunächst selber porträtieren und im Verlauf ihre Gefühle und Impressionen zu den Anfangssätzen „Ich bin glücklich, wenn...", „Ich bin traurig wenn,...", „Ich habe Angst vor...", Ich bin stark und mutig, wenn..." notieren und beschreiben. Da dieser Praxistipp sehr interessant ist, wurde er in einer 4. Klasse im Landkreis Osnabrück erprobt.

3.4.1 Vorbereitung und Durchführung

Nachdem sich eine Grundschule im Landkreis Osnabrück bereit erklärt hatte einen Schulvormittag für die Erprobung und Durchführung einer Unterrichtseinheit zum Thema Gefühle zu „opfern", konnten die Vorbereitungen beginnen. Da im Sachunterrichtsunterricht der 4. Klasse das Thema Sexualerziehung gerade beendet wurde, konnte der Versuch als Abschluss verwendet werden.

Die 4. Klasse der Grundschule zeichnet sich durch ein sehr gutes Klassenklima aus, so dass es kein Problem darstellt, ein so brisantes Thema anzuschneiden. Da sich die Klasse sehr gut kennt, werden keine störenden Äußerungen vorgenommen.

Die Schüler setzten sich zu Beginn der Stunde wie bei einer Klassenarbeit mit dem Thema auseinander und bleiben ruhig an ihren Plätzen sitzen. Anschließend wird der Arbeitsauftrag anhand einer Overheadfolie erklärt.[21] Die Schüler sollen sich zunächst selbst porträtieren und dabei den freien Platz auf dem Arbeitsblatt ausfüllen. Anschließend müssen sie ihre Gefühle in den vorgesehenen Zeilen vermerken.

---

[20] aus: Sache-Wort-Zahl. Lehren und Lernen in der Grundschule (März 2004). von: Hempel, Marlies: Die fühlen sich wohl immer so stark...! S.42.
[21] siehe Anhang

Wie können Gefühle als Unterrichtsthema in Szene gesetzt werden?

3.4.3 Auswertung

Bei den Steckbriefen haben sich 26 Grundschüler beteiligt. Es ist erstaunlich welche Ergebnisse am Ende von den Schülern vorgestellt wurden. Bei der Auswertung wird zunächst zwischen Jungen und Mädchen, nach Farbwahl, sowie nach Gesichtsausdruck und Körpersprache unterschieden.

	JUNGEN		MÄDCHEN	
FARBWAHL	< 3 Farben - hautfarben - gelb - grau - braun - schwarz	> 3 Farben - hautfarben - gelb - orange - rot - blau - grün - braun - schwarz	< 3 Farben - hautfarben - pink - grau - schwarz	> 3 Farben - hautfarben - gelb - orange - pink - rot - blau - grün - braun - schwarz
GESICHTSAUSDRUCK/ KÖRPERSPRACHE	- traurige Augen - kleiner Mund - gerader Mund - kleine Augen	- grinsen - lachen - große Augen - rote Lippen - Arme hoch gerissen - breitbeinig - Details - nur Gesicht	- kleine Zeichnung - keineMühe -keine Bewegung -trist	- lachen - betonte Augen - Lachfalten - Zähne zeigen - Mund auf - rote Wangen - rote Lippen - Details - ganzer Körper - mit Pferd - mit Zimmer - Hintergrund
Ich bin glücklich, wenn...	...ich meinen eigenen Willen bekommen, ...ich Geschenke kriege, ...ich mein Leibgericht bekomme, ...ich gut Noten schreibe, ...ich spielen kann, ...ich keinen Ärger kriege ...ich Sport mache,		...ich mit Freundinnen zusammen bin, ...ich mit meinem Pferd zusammen bin, ich mit meinem Pferd zusammen bin, ...ich mit meiner Familie etwas unternehme ...ich Besuch kriege,	

		…ich gute Noten in der Schule habe, …ich gestreichelt werde, …ich Spaß habe,
	…ich Geburtstag habe, …ich Ferien habe, …ich etwas mit meiner Familie unternehme	
Ich bin traurig, wenn…	…jemand stirbt, …ich oder ein anderer krank ist, …ich beim Sport verliere, …ich schlechte Noten kriege, …ich mich langweile, …ich Ärger kriege, …ich streite, …ich ausgeschlossen werde, …keiner mit mir spielen will, …wenn mein Fernseher weg muss, …ich eine „rote Karte" bekomme,	…ich mich streite, …jemand stirbt, …ich Ärger habe, …ich Hausarbeiten machen muss …ich krank bin …ich eine Strafe kriege (Schläge), …ich schlechte Noten in der Schule kriege,
Ich habe Angst, wenn…	…gar nichts, …Flugzeug fliegen, …Einbrecher, …schlechte Menschen, …Leiden, …Haie …gefährliche Hunde und Wölfe, …Diebe, …Mafia, …vor wilden Tieren …ich sterben muss,	…bissige Hunde,… …lange Arbeiten, …böse Menschen, …Gewitter, …Schläge, …Spinnen, …Dieben, …ich reite und falle, …manchmal vor Jungs,
Ich bin stark und mutig, wenn…	…ich in Gefahr bin, …ich gute Musik höre, …mit Freunden etwas mache, …ich ein Theaterstück vorspiele, …ich Fleisch esse …ich wütend bin, …ich Fußball spiele, …mich jmd. schlägt oder ärgert, …ich beim Fußball- oder Handball Tore mache,	…ich Freunde verteidige,… …ich jemandem helfe, …ich meine Meinung sage, …ich Fußball spiele, …ich reite,

Wie können Gefühle als Unterrichtsthema in Szene gesetzt werden?

3.4.4 Interpretation

Bei der Auswertung können in der „Jungen-" wie auch in der „Mädchenspalte" Besonderheiten erkannt werden. Die Jungen verwenden bei dem Eigenporträt kein pink, im Gegensatz dazu die Mädchen, die es besonders häufig gebrauchen. Die repräsentativen Farben bei den Jungen sind blau und grün, was durch die typischen „Jungenfarben" und die Jungenerziehung zu erklären ist. Bei den Mädchen sind besonders helle und freundliche Farben wie gelb, orange, rot und pink benutzt worden.[22] Diese geschlechtsbedingten Unterschiede sind in der Erziehung manifestiert. „Mädchen wird in der Erziehung häufig eine breitere Palette an Gefühlen zugestanden als das bei Jungen der Fall ist."[23] Aus dieser Aussage ist ersichtlich, dass die Palette an Gefühlen mit der Palette an Farben verglichen werden kann. Die Jungen haben sich in den meisten Fällen auf wenige Farben und auf wenig Details festgelegt. Genauso wurde dies bei den Antworten gehandhabt. Die Jungen, die viele verschiedene bunte Farben benutzen, haben ihre Gefühle auch genauer und präziser umschrieben oder genannt.

Bei beiden Gruppen gibt es negative Ausnahmen, so gibt es einige Bilder, bei denen die Gefühlslage zum Ausdruck kommt. So sehen einige Porträts sehr trist, traurig und farblos aus. Dies wird durch die folgenden Bemerkungen zu den vier zu Ende zu führenden Sätzen auch deutlich. Die monotonen und farblosen Bilder werden in ihrer Wirkung durch Antworten wie „Ich habe Angst, wenn mich jemand schlägt" oder „Ich habe Angst vor Jugendlichen, weil sie mich ärgern und schlagen" noch unterstützt. Aber auch Ängste und Trauer über den Tod werden häufig geäußert, wobei derartige Antworten von beiden Gruppe in gleichem Maße geäußert werden.

---

[22] siehe Beispiele im Anhang
[23] Schilling, Dianne (2000): Soziales lernen in der Grundschule 50 Übungen, Aktivitäten und Spiele. Verlag an der Ruhr: Mühlheim. S.19.

Wie können Gefühle als Unterrichtsthema in Szene gesetzt werden?

Jungen	Mädchen
- können gut Wut äußern - spielen Gefühle herunter, die mit Verwundbarkeit, Schuld, Angst und Verletzung zu tun haben - gehen auf Konfrontation, wenn sie wütend sind - sind stolz auf ihre einsame, „coole" Unabhängigkeit und Autonomie	- können gut Gefühlsäußerungen deuten und Gefühle ausdrücken - erfahren eine ganze Bandbreite von Gefühlen auf intensive und lebhafte Weise - haben gelernt Aggressionen durch Taktiken wie Nicht-Beachtung, Klatsch, etc. zu ersetzten - sehen sich selbst als Teil eines Netzes sozialer Beziehungen

Quelle: Schilling, Dianne (2000): Soziales lernen in der Grundschule. S.19.

„Diese Auflistung hebt die signifikanten Unterschiede, die aus der Erziehung und Sozialisation resultieren, hervor."[24]

Vom Prinzip her, kann diese Auflistung für die Klasse 4 auch verwendet werden, jedoch muss sie ein wenig abgeschwächt werden, da Mädchen und Jungen nicht vollständig einer der oben angeführten Auflistung zugeordnet werden können. Jungen und Mädchen haben unterschiedlichste Ergebnisse erzielt, die ihre Gefühle zum Ausdruck bringen, die einen können ihre Gefühle besser ausdrücken, die anderen tun sich etwas schwer und versuchen die Gefühle zu umschreiben.

Zusammenfassend kann gesagt werden, dass die „Künstler" der bunten und fröhlichen Bilder auch realistische und positive Gefühle geäußert haben. Die Schüler haben sich bemüht ihre Gefühle sehr genau zu umschreiben und haben sie auch genannt.
Bei den eher monotonen Bildern, sind sehr kurze und nicht immer sehr ausdrucksstarke Ergebnisse vorzufinden. So ist eine Antwort zu „Ich bin traurig, wenn…", das der Schüler traurig ist, wenn er nicht seinen Willen bekommt oder sein Lieblingsessen nicht gemacht wird.

Um Gefühle kontrollieren und zeigen zu können, sollte den Schülern geholfen werden, dass sie ihr Selbstbewusstsein verstärken, so dass sie keine Angst haben müssen Gefühle offen zu zeigen. Denn eine bewusste Selbstwahrnehmung hilft Gefühle wahrzunehmen, sie zu erkennen, zu zeigen und gegebenenfalls auch zu kontrollieren.

---

[24] ebd.

4. Allgemeine Einflüsse auf soziale Lernprozesse

„Geborgenheit, Offenheit und Herausforderungen sind Grundbedingungen eines für Kinder förderlichen Lebens- und Lernorts Grundschule."[25] Schüler haben mehr Freude, Hoffnung und Stolz beim Lernen, wenn sie meinen, dass sie verstanden werden und sich in der Lernumgebung nicht verstellen müssen. Diese Überzeugung bestärkt die Schüler und gibt ihnen Selbstbewusstsein für ihr Tun und Schaffen im Schulalltag. Wenn allerdings die Schüler glauben, dass sie keinen Einfluss haben und sie nichts bewirken, dann entstehen eher Gefühle wie Ärger, Hoffnungslosigkeit und Angst.

Somit spielen Gefühle eine große und wichtige Rolle im Lernprozess der Schüler. Die individuelle Entwicklung der Kinder hängt von der Struktur der Klassengemeinschaft und der sozialen Beziehungen zueinander ab.[26] Ferner ist es von Bedeutung Gefühle nicht nur in der Schule, sondern auch gegenüber den Bezugspersonen in der Familie zeigen zu können.

Im Unterricht sollte sich somit die Lehrerin fragen, ob der Unterricht oder der Schultag so gestaltet werden kann, dass Kinder eine Möglichkeit haben förderliche Beziehungen zueinander zu entwickeln und zu verstärken. Es müssen somit Freiräume geschaffen werden, in denen Schüler über Gefühle sprechen können und diese nicht verdrängen oder überspielen müssen. Des Weiteren sind eine intensive Klassengemeinschaft und das Verständnis untereinander für die „Grundbedingung von Bildung" wichtig.[27]

Die Schüler müssen erkennen, dass die Wichtigkeit des Lerngegenstandes nicht von einer Stimmungsschwankung abhängig gemacht werden darf. Wenn das Fach Mathematik von Schülern als wichtig empfunden wird, dann werden hier Emotionen stärker ausgeprägt und positive Gefühle zu diesem Fach bezogen. Ein Beispiel hierfür wäre, wenn das Fach wichtig und interessant ist egal ob der Schüler gute Noten schreibt. Diese Einstellung ist

---

[25] Faust-Siehl, G. / Garlichs, A. / Ramseger, J. / Schwarz, H. / Warm, U. (1996): Die Zukunft beginnt in der Grundschule. Empfehlungen zur Neugestaltung der Primarstufe. Rowolt: Reinbek bei Hamburg. S.32.
[26] ebd. S.34.
[27] ebd.

förderlich für den Lernprozess, da die Motivation intrinsisch ist. Wenn die Wichtigkeit nur in der Benotung steht, ist der Anreiz extrinsisch.[28]

Für Schüler ist es bedeutender Freunde zu finden als die Schule und ihr Lehrauftrag. Somit ist es eine Grundvoraussetzung, dass Schüler Anerkennung finden und somit eine Sicherheit haben, die eine Lernvoraussetzung darstellt und die Schüler motiviert. Ferner mögen und wollen Kinder lernen, wenn sie sich wohl fühlen und Bezugspersonen in ihrer Umgebung haben, denen sie alles anvertrauen können. Zu Hause sind es die Eltern, in der Schule sollten dies die Freunde und Lehrer sein. Aus diesem Grund muss die Grundschule den Schülern Freiraum lassen, dass sie Kontakte knüpfen können, sich austauschen und sich treffen können. Durch Freundschaften lernen Kinder ihre Bedürfnisse zu äußern, sie durch zu setzen oder auch auf andere Rücksicht zu nehmen. Kinder lernen somit die eigenen Grenzen kennen und die Gefühle der anderen zu respektieren. Hierdurch lernen die Schüler mit Mitmenschen umzugehen, Konflikte auszutragen und selbständig in der Gesellschaft zurechtzukommen.[29]

„In dieser Form entwickelt sich ein offenes Miteinander, in dem die Kinder einander anzuregen, fragen, antworten, widersprechen, berichtigen, helfen und überprüfen."[30] In einer aktiven Gemeinschaft kann das Kind somit seine Haltungen, Kenntnisse und Fähigkeiten zum Ausdruck bringen, ohne vor Sanktionen Angst zu haben. Durch ein positives Klassenklima, können die Schüler sich freier entwickeln, da sie ihre Gefühle frei zum Ausdruck bringen können.

---

[28] Bourne, Lyle E./ Ekstrand Bruce R. (2001): Einführung in die Psychologie. 3. Auflage. Dietmar Klotz: Eschborn.Kapitel 7. S.262f.
[29] Faust-Siehl, G. / Garlichs, A. / Ramseger, J. / Schwarz, H. / Warm, U. (1996): Die Zukunft beginnt in der Grundschule. Empfehlungen zur Neugestaltung der Primarstufe. Rowohlt: Reinbek bei Hamburg. S.34/35.
[30] ebd. S.36.

Wie können Gefühle als Unterrichtsthema in Szene gesetzt werden?

5. Zusammenfassung

Nachdem ich mich mit dem Thema „Einfluss der Gefühle auf soziale Lernprozesse" auseinandergesetzt und besondere Praxisbeispiele aufgezeigt habe, möchte ich diese Arbeit mit einer Reflexion und einem Resümee beenden.

Zunächst möchte ich zum Ausdruck bringen, dass die Wahrnehmung, der Ausdruck und die Interpretation von Gefühlen sehr schwierig sind. Besonders Schüler in der Grundschule müssen lernen mit Gefühlen umzugehen und diese auch zu kontrollieren. Wie schon in Punkt zwei erklärt wurde, spiegeln Gefühle den seelischen Zustand und die Befindlichkeit wieder. Gefühle haben einen großen Einfluss auf soziale Lernprozesse und die Förderung von Kompetenzen der Grundschüler, so dass es wichtig ist, Schülern dies zu verdeutlichen und dies als Thema im Sachunterricht aufzugreifen.

Um die Kinder bei diesem Thema auch am „passenden Ort abzuholen, an dem sie sich befinden", habe ich unterschiedliche Praxisbeispiele in Punkt drei angeführt, die für die jeweilige Klasse abgewandelt werden können. Insbesondere der Steckbrief ist sehr aufschlussreich über das Gefühlsleben und die Ausdrucksfähigkeit der Kinder. Was Gefühle für einen Einfluss auf soziale Lernprozesse hat, wird im nachfolgenden Punkt vier zum Ausdruck gebracht, so dass die Bedeutsamkeit dieses Themas verstärkt und es im Lehrplan grundsätzlich aufgearbeitet werden sollte.
In der heutigen materiellen Welt, in der Statussymbole mehr zählen als Gefühle und innere Werte, müssen Kinder früh erkennen, dass Gefühle und dessen Äußerung für das seelische Wohlbefinden unabkömmlich sind. Aus diesem Grund möchte ich abschließend sagen, dass es die Aufgabe einer jeden Lehrerin sein sollte, dass sie den Grundschüler die Bedeutsamkeit von Verschiedenheit, Achtung und Bedeutung von Gefühlen Nahe legen muss.

6. Literaturverzeichnis

Bourne, Lyle E./ Ekstrand Bruce R. (2001): Einführung in die Psychologie. 3. Auflage. Dietmar Klotz: Eschborn.

Der Brockhaus (2000): Der Brockhaus in einem Band. 9., vollständig überarbeitete und aktualisierte Auflage. Brockhaus: Leipzig.

Faust-Siehl, G. / Garlichs, A. / Ramseger, J. / Schwarz, H. / Warm, U. (1996): Die Zukunft beginnt in der Grundschule. Empfehlungen zur Neugestaltung der Primarstufe. Rowohlt: Reinbek bei Hamburg.

Gesellschaft für Didaktik des Sachunterrichts (2002): Perspektivrahmen Sachunterricht. Klinkhardt: Rieden.

Janus Hertz, Grete (1983): Der kleine rote Elefant. Illustriert von Eberhard und Elfriede Binder. Carlsen: Hamburg.

Microsoft Encarta Enzyklopädie (1998): Gefühl, Emotion

Niedersächsisches Kultusministerium (1982): Rahmenrichtlinien für die Grundschule. Sachunterricht. Schroedel: Hannover.

Sache-Wort-Zahl (März 2004): Heft 60. Gefühle. Aulis: Deubner.

Schilling, Dianne (2000): Soziales lernen in der Grundschule. 50 Übungen, Aktivitäten und Spiele. Verlag an der Ruhr: Mühlheim.

Zimbardo Philip G. / Gerrig Richard J. (1999): Psychologie. 7. neu übersetzte und bearbeitete Auflage mit 213 zum Teil farbigen Abbildungen und 70 Tabellen. Springer: Berlin.